企鹅故事丛书第一集

JENNY KELLETT

译者：[鞠瑞]

我名叫
....

嗨！
我是企鹅
波波。

大多数企鹅住在寒冷之地！

你能在雪地中找到我吗？

不过，并非所有企鹅都耐寒！比如非洲企鹅，就生活在温暖的地方，比如南非。

你能找到非洲企鹅的家吗？
提示：找找棕榈树！

企鹅在雪地上摇摇摆摆地走路。

你能模仿企鹅走路吗？！

1 2 3 4
?
数数有多少只摇摆的
企鹅吧！

企鹅
种类繁多！
我是跳岩
企鹅！

你能找出其中的
异类吗?
哪一只不是企鹅?

企鹅有翅膀但不会飞！

我的海洋伙伴们也爱游泳！

你能将它们与自己的影子配对吗？

企鹅爱吃鱼。

你能帮我找几条鱼吗?
指出你能看到
的所有鱼!

小企鹅又叫企鹅宝宝。
它们小巧又可爱。

这些动物也有自己的宝宝！

你能将这些动物们与它们的
宝宝一一配对吗？

鸡	火烈鸟	猫头鹰

帮波波找到它的宝宝！

用手指划出波波找宝宝的路。

要当心海象哦！

企鹅们朋友多多！

游泳

拥抱

图片中哪些是你和朋友们最喜欢玩儿的游戏，用手指出来吧。

探险

嬉戏

叽叽喳喳！
咕咕！
嘎嘎！
企鹅们用各种声音交流！

一起模仿企鹅叫声吧！
咕咕！
嘎嘎！
叽叽喳喳！

企鹅亟需你的援手！
冰川消融，让企鹅的觅食和育雏都愈发艰难。

爱护地球，
就是帮助
它们！

企鹅需要清洁的海洋环境。

如果误食垃圾，
会对它们的健康造成伤害。

携手努力，维护海洋环境！

哪两样东西
该放进回收箱？

你最喜欢企鹅的哪方面？

企鹅爱吃什么？

我们该如何保护企鹅？

恭喜!

姓名 ....

学习企鹅相关知识

企鹅

成为有资质的企鹅小专家

Jenny Kellett
作者

期待您的宝贵意见！

如您与您的孩子喜爱此书，我们诚挚期待您的反馈！留下评论只需片刻，却对我们意义非凡。身为独立出版商，您的支持是我们创作更多寓教于乐书籍的动力。**衷心感谢！**